삶은 계란 꿈은 반숙

삶은 계란 꿈은 반숙
팍팍한 삶에 **온기**를 더하는 **짧은 그림 시집**

초 판 1쇄 2025년 07월 28일

지은이 짐팍
펴낸이 류종렬

펴낸곳 미다스북스
본부장 임종익
편집장 이다경, 김가영
디자인 임인영, 윤가희
책임진행 김은진, 이예나, 김요섭, 안채원

등록 2001년 3월 21일 제2001-000040호
주소 서울시 마포구 양화로 133 서교타워 711호
전화 02) 322-7802~3
팩스 02) 6007-1845
블로그 http://blog.naver.com/midasbooks
전자주소 midasbooks@hanmail.net
페이스북 https://www.facebook.com/midasbooks425
인스타그램 https://www.instagram.com/midasbooks

© 짐팍, 미다스북스 2025, *Printed in Korea*.

ISBN 979-11-7355-334-9 03810

값 20,000원

※ 파본은 구입하신 서점에서 교환해드립니다.
※ 이 책에 실린 모든 콘텐츠는 미다스북스가 저작권자와의 계약에 따라 발행한 것이므로 인용하시거나 참고하실 경우 반드시 본사의 허락을 받으셔야 합니다.

미다스북스는 다음세대에게 필요한 지혜와 교양을 생각합니다.

삶은 계란
꿈은 반숙

짐팍 시집

미다스북스

1 사랑편
사랑은 띄어쓰기 실수 같아

천하장사 11 / 그대 12 / 누구게 13 / 천재? 바보! 14 / 겨울봄 15 / 메기 16 / 프로포즈 레시피 17 / 구두 18 / 방구함 19 / 그리고 20 / 아내 21 / 나그네 22 / 추파춥스 23 / 사심 24 / 아네 25 / 닌자 1 26 / 닌자 2 27 / 적과의 동침 28 / 엄호 29 / 배우 30 / 달 31 / 등대 32 / 빨래 33 / 너와 가치 34 / 워매 35 / 고구마 36 / 길인 37 / 민들레 38

2 짧은 생각편
문장 너머 또 다른 생각

내가 아는 한 가지 41 / 담배 42 / 에라 모르겠다의 고급진 표현 43 / 과거의 나를 보면 44 / 줄다리기 45 / 박다은 최고 46 / Not Bad 47 / 소화행 48 / 시간 49 / 나 예뻐에 대한 답변 50 / 지금껏 그런 사례는 없었다에 대한 답변 51 / 쏨 52 / 모델 54 / 맥심 커피믹스 56 / 장어 57 / 말하지 않아도 알아요 58 / 180도 뒤집어도 같은 말 59 / 스물 60 / 강산 61 / 문제 63 / 선택 65 / 틈 66 / 마사지 67 / 아줌마 68 / 보도 블록 69 / 살짝 부끄러운 한마디 70 / 좌시하지 않겠다는 말의 해석 71 / 시한부 내 인생 72

3 인생 기본편
인생 준비운동 시작

줄눈 75 / 각각 각 76 / 백의민족 77 / 벗 78 / 제때 79 / 오늘 보너스 80 / 한 켠 81 / 시너지 82 / 갈팡질팡 83 / 봄 84 / 오늘 85 / 주력 86 / 여행 87 / 비밀번호 88 / 마술 90 / 뜨개질 91 / 좋은 게 92 / 삶 93 / 약 94 / Top of the Top 95 / 반전 모음 96 / 봄와따 97 / 모순 98 / 한 번 99 / 위기 100 / 마지막 봄 102 / 밥 103 / 세차 104 / 계단 105 / 애국심 107 / 미라클 모닝 109 / 근거 없는 자신감 천재 110

4 인생 활용편
인생 사용 설명서

장단기 대응 방안 113 / 다행 114 / 살아내라 115 / 선물 116 / 비밀 117 / 반사 118 / 희희낙낙 119 / 배려 120 / 신용 121 / 해 122 / 헬로 123 / 듣고 싶은 말 124 / 레버리지 125 / 사고 126 / 하자 127 / 확언 129 / 회사에 다니면 좋은 점 130 / 화분 131 / 등 132 / 책사 133 / 수도 135 / 진리 136 / CPA 활용법 137 / 쓰리고 139 / 해 2 140 / 어쩌라고 141 / 솔라시도 142 / 삶에 대한 짧은 문답 143 / 홈런 145 / 시행 착오 146 / 해피 회피 147

5 언어유희편
말장난 속에 마음이 들어있어요

못 난 놈 151 / 무유 152 / TAKE 3 154 / 문장부호 156 / 린나이 157 / 데이트 158 / 필살기 159 / 8자 160 / 역으로 161 / 자주 162 / 영감 163 / 매도 164 / 자란다 165 / 난센스 166 / 시인 167 / 만 168 / 돈독 169 / 싯가 170 / 논 171 / 미스타 김 172 / 명산 173 / 세신사 175 / 홍시 176 / 단거 177 / 안전 제일 178 / 참고 자료 179 / 달력 180 / 식욕 조절 한방 다이어트 182 / 애드립 183 / 고양이 185 / 니나너 186 / 도로 187 / 스포츠 189 / Problem 190 / 스치면 인연 191 / 술 먹고 다음 날 받고 싶은 상은? 193 / 소식 194 / 버디 찬스 195 / 내 골프 스코어가 줄지 않는 이유 196 / 아마와 프로 198 / 바보? 천재! 199 / 약관 200

6 부록 1_추천 메뉴편
추천은 내 맘

배달의민족에서 카피라이터라면 205 / 레스토랑 추천 메뉴 206 / 전주시 추천 메뉴 207 / 제철 회 208 / 명품 209 / 농구 동아리에서 카피라이터라면 211 / 분식집 추천 메뉴 213 / 직원 회식 추천 메뉴 214 / 샌드위치 조심 215 / 씨유 216 / 컨디션 난조 217 / 영어 동아리에서 카피라이터라면 218 / 오너 쉐프가 메뉴명을 짓는다면 219 / 신해철 헌정시 221

7 부록 2_종이 오락실 편
오락은 영원히

일생일대의 오목 한판 225 / 오타니의 만다라트로 나도 천재 도전하기 226 / 지금 나에게 좋은 질문 세 가지 228 / 올해 가기 전에 이루고 싶은 버킷리스트 229 / 10년 내 버킷리스트 230 / 감사 일기 231 / 불만 일기 233 / 자랑 일기 235

사람들은 보통 좋은 글을 사진으로 저장하거나, SNS에 올리게 됩니다. 이는 일방적인 읽기와 공유에 국한됩니다. 특히 자기 자신을 존중하고, 격려하고, 성장함과 더불어 타인으로부터 사랑받기를 기원하면서 부록편(종이 오락실)에서는 독자들이 양방향으로 소통할 수 있는 공간을 마련했습니다.

펜을 들고 책에 메모도 하고, 생각도 정리하고, 블로그에 공유도 하면서 서로 공감할 수 있는 소중한 시간이 되시길 바랍니다. 작가와 다른 독자들의 글도 아래의 블로그를 통해서 확인할 수 있습니다.

* 짐팍 블로그 : https://blog.naver.com/hotpotato99

사랑편

사랑은 띄어쓰기 실수 같아

[천하장사 / 그대 / 누구게 / 천재? 바보! / 겨울봄 / 메기 / 프로포즈 레시피 / 구두 / 방구함 / 그리고 / 아내 / 나그네 / 추파춥스 / 사심 / 아네 / 닌자 1 / 닌자 2 / 적과의 동침 / 엄호 / 배우 / 달 / 등대 / 빨래 / 너와 가치 / 워매 / 고구마 / 길인 / 민들레]

띄어쓰기 실수는 타자를 치는 동안 피할 수 없는 것처럼, 살아가는 동안 사랑은 피할 수 없는 거 아닐까요? 실수하는 와중에도 계속해서 고쳐 써 내려가는 일기처럼, 예쁜 사랑을 키워나가길 바랍니다.

이번 사랑편에서는, 지인 중의 한 천하장사, 바보가 천재보다 나은 순간, 초저가 프로포즈 전략, 연인을 위한 엄호, 연애 초기와 말기 닌자의 변천사 등을 통해 연애 기술을 +1 획득할 수 있습니다.

영수 수영
국**영수** 공부도 잘하고, **수영**도 잘하고 그랬으면.

천하장사

내 맘을
들었다 놨다
너는

내 맘 속
천하장사!

하도 도하
너의 눈망울에서 **하도 도하**를 했더니 물개
가 되었어.

그대

그대
내게
기대

학수
고대
그대

내게
그대
내꼬

도파 파도
너를 보면 **도파민**이 **파도**처럼 밀려와.

* '학수고대(鶴首苦待)'는 "학의 목처럼 목을 길게 빼고 간절히 기다린다"는 뜻으로, 무언가를 매우 애타게 기다리는 상태를 표현하는 한자성어입니다.

누구게

누구세요?
누구게?
누굴까?
나야나!

진짜 모르면 섭섭 혹은 위태

온기 기온
너의 온기가 기온으로 느껴져.

#1 사랑편

천재? 바보!

내가 천재였으면

너에 대한 모든 걸
다 알고 있는 천재였으면…

아니야
니가 바보였으면

나밖에 모르는 바보였으면…

이 바보야.

이별 별이
이별하고 난 후 별이 떨어졌다.

겨울봄

눈 내리는
추운 겨울 밤도
너와 함께라면
봄이다.

키스 스키
키스는 스키처럼

메기

내 아내는 **메기**

자꾸 나에게 뭘 **멕인다.**
편식쟁이 딸도 잘 **멕인다.**

자기는 잘 안 먹으면서…

용기 기용
용기있는 사람이 남편/아내로 **기용**됩니다.

프로포즈 레시피

나랑 결혼하면

아침에는 인디언밥
점심에는 고래밥
저녁에는 사또밥을
먹는데도 괜찮아?

응!

실망 망실
실망은 망실해 버리세요.

* 아침에는 콘프레이크 같은 가벼운 인디언밥, 점심에는 해산물인 고래밥, 저녁에는 귀한 분 대접할 때 먹는 사또밥 순으로 드시면 좋습니다.

구두

내가 **구두**로 말했지.
내 **구두** 멋있다고

좋은 **구두**는
좋은 말빨을 불러옵니다.

늘 좋은 **구두**를 사주는 아내에게 감사합니다.

오해 해오
사람들은 항상 오해 해오.

방구함

아빠의 비밀
방구를 매일 뀐다. (지은이: 박다은)

*방귀를 참으면 안 되는 이유 4가지
1. 구취가 심해진다.
2. 피부염이 발생한다.
3. 살찌기 쉬워진다.
4. 방귀의 양과 냄새가 증가한다.

수치 치수
수치는 내 마음의 **치수**를 잴 수 있는 기회

그리고

널
그리고
지우고
다시 **그리고**

그리고
난
날 지새우고

마침내 이윽고 결국
너에게
Go

가방 방가
새로 산 **가방**은 **방가**.

삶은 계란 꿈은 반숙

아내

내 **안에** 있는
내 **아내**에게 사과합니다.

난 남의 편을 들었던
나쁜 남편이었다고

주월동 양우내**안애** 아파트에 사시는
내 **아내** 분께 올림

무력 력무
무력할 땐 기차 **역무**원에게서 여행 기차표를 사세요.

* 양우내안애(양우내안愛)는 양우건설과 양우종합건설의 아파트 브랜드로, 내 아내를 위해 짓는 집을 의미합니다.

나그네

아빠
나
그네~

응
밀어 줄게.
그네

꽉 잡아~

단절 절단
대화의 단절은 인간관계를 절단낸다.

추파춥스

좋아하는 이성에게
추파를 던질 땐
추파춥스

남녀노소
추파춥스

잘 못 건네면
분위기는
춥스

끝장 장끝
끝장난 것처럼 보여도, 장의 끝일뿐 새로운 장이 열린다.

* 이 글은 츄파춥스(Chupa Chups, 스페인 막대사탕 제조기업)와 아무 관련이 없습니다.
* 추파 : 이성의 관심을 끌기 위하여 은근히 보내는 눈길, 환심을 사려고 아첨하는 태도나 기색

사심

사심을 전하고 싶을 땐
사시미(회)를 사 주세요.

이성에게 **사심**을 전하면서
'사슴이 **사시미**를 먹네'라고 말해 보기.

자매품 : 소고기

도전 전도
도전하는 것도 전도됩니다.

아네

아내에게
잘못해서 혼 날 땐
아 네~라고만
대답할 것

도시 시도
도시에는 대시를 **시도**할 기회가 많다.

* 혼날 때 최고의 자세는 변명하지 않고 듣기, 시선을 적당히 맞추며 경청, 반듯한 자세와 겸손한 태도, 무엇이 잘못되었는지 파악하여 사과와 재발 방지에 대한 의지 표명, 이후 행동으로 신뢰회복 하는 것입니다.

닌자 1

자.
닌 좀 더 **자**.
내가 아침 준비할게~
(연애 초기, 닌자 2에서 계속)

아침 침아
아침아 아침아 오지마.

닌자 2

닌 자냐?
지금
잠이 오냐?
(연애 말기, 닌자 1로부터)

연필 필연
연필로 맺은 사이는 **필연**적으로 만날 수 있어.

적과의 동침

너 없이는 못 살겠다가
너 때문에 못 살게 됐다.

누구냐? 넌!
누가 보냈어?
한 이불 덮고 있는…

기고 고기
오늘 **기고**만 잘되면, **고기**를 먹을 수 있어.

엄호

소중한 사람이
'**어머**'하고 소리 내고 깜짝 놀랐을 땐
'**엄호**'해 달라는 소리라서
잘 다독여 줄 것

감정 정감
감정을 표현하면 정감 있다.

* 엄호 : 아군을 보호하기 위해 적의 공격을 막거나 방해하는 행위

배우

배우처럼 살고 싶다.
늘 배우는…

늘 배우자.
배우자를 잘 보고 배우자.

마음 음마
마음이 보인다면, 음마~

달

넌 나에게
달

달아 달아.
아주 달아.

망고 고망
망고 맛이 고망 고망

등대

등대 같은
사람이 되고 싶다.
빛을 비춰주는

등 대~
마사지 해 줄게~

선생 생선
선생님 생신(생일 선물)은 뭐가 좋을까?

빨래

돌 안 된 서우가
이불을 빤다.

세탁기를 돌릴 줄 모르지만
입으로 빨 줄 안다.

서우는 효녀

시각 각시
내 **시각**에 **각시**가 들어왔어.

* 위례에 살고 있는 조유영 다둥이 가족과 함께 제주여행을 갔다가 영감을 받았던 시입니다.

너와 가치

너와 **같이**해
감사

너와 **가치**있는
시간

앞으로도
계속
같이

담요 요담
담요는 요담에 사 줄게.

워매

워매 워매
자꾸 니 생각이 난다야.
니가 보구 싶당께.
조아하게 돼불어쓰까?

이라믄 못 쓰것는디.

워째 그라까잉.

소주 주소
소주 얼른 주소.

* 전라도 사투리는 억양 자체에 정서적 표현이 담겨 있어 감정을 쉽게 드러내면서 유머러스한 느낌이 있습니다. 말을 부드럽게 늘어지게 하고, 말끝에 ~잉, ~디 등이 붙으며 친근한 억양을 가진 것이 특징입니다.

고구마

고구마를 좋아하긴 하지만
니가 고구마일 줄이야.

고마
구려! 임
마

그래도
너는
달구마.

시장 장시
시장에 장시간 있으면 피곤해.

* 고구마는 식이섬유, β카로틴이 풍부하고 달콤하여 간식용으로 적합합니다. 감자는 비타민C와 칼륨이 풍부하고, 포만감이 높습니다. 다이어트할 때 감자는 칼로리가 더 낮아 유리하고, 혈당과 포만감 유지를 위해서는 고구마가 유리합니다. 뭐든 많이 먹으면 찌긴 합니다.

길인

내가 만난 **길인**

기린, 이광수
그리고 그대

요가 가요
요가하러 함께 가요.

* 길인(吉人): 성품이 바르고 복스러워 좋은 사람

민들레

누가 나한테
미스코리아
진달래?

난 그냥
민들레 홀씨
달라구

상실 실상
상실은 실상 극복 가능하다.

* 민들레 홀씨는 씨앗에 붙은 깃털로 바람을 타고 멀리 날아갈 수 있도록 도와주고, 바람이 불면 최대 1km 이상 이동 가능합니다. 문학적으로는 희망, 자유, 시작을 상징하기도 합니다.

2

짧은 생각편

문장 너머 또 다른 생각

내가 아는 한 가지 / 담배 / 에라 모르겠다의 고급진 표현 / 과거의 나를 보면 / 줄다리기 / 박다은 최고 / Not Bad / 소확행 / 시간 / 나 예뻐에 대한 답변 / 지금껏 그런 사례는 없었다에 대한 답변 / 썸 / 모델 / 맥심 커피믹스 / 장어 / 말하지 않아도 알아요 / 180도 뒤집어도 같은 말 / 스물 / 강산 / 문제 / 선택 / 틈 / 마사지 / 아줌마 / 보도 블록 / 살짝 부끄러운 한마디 / 좌시하지 않겠다는 말의 해석 / 시한부 내 인생

사회에서 같은 글을 보고 같은 생각을 하는 게 당연하고, 필요하기도 합니다. 가끔은 다른 생각을 할 수 있는 여유와 노력이 우리 삶을 좀 더 재미있게 할 것 같습니다.

짧은 생각편에서는, 누구나 남들 앞에서 확실하게 말할 수 있는 한 가지, 과거의 나를 봤을 때 한 번쯤 할 수 있는 말, 무조건적인 응원 도구 말, 잘 선택하기 위한 꿀팁, 마이클 잭슨 노래 중에 언론과 관련한 노래 등을 통해 생각의 너비를 확장할 수 있습니다.

용서 서용.
용서할 때는 서용

나는 잘 모른다.

짐팍의 짧은 생각, '**내가 아는 한 가지**' 中

고요 요고
고요하니 요고 재밌네.

* 살면서 참이라고 믿었던 것들이 거짓으로 바뀌기도 하는 세상, 확실한 건 내가 모든 걸 다 알지 못하는 거라고 생각합니다.

너랑 섬에 놀러 갔을 때
담 배가 없었으면…

짐팍의 짧은 생각, '**담배**' 中

양주 주량
너랑 **양주** 먹으면, **주량**을 잊게 돼.

변동성이 크다.
불확실성이 크다.

짐팍의 짧은 생각, '**에라 모르겠다의 고급진 표현**' 中

연결 결연
그와 **연결**되었던 그녀는 **결연**한 의지로 헤어졌다.

아니 이 새끼가…

짐팍의 짧은 생각, '**과거의 나를 보면**' 中

안정 정안
안정은 정 안에 있다.

* 과거에 제가 저질렀던 크고 작은 오류와 실책 등을 반성하면서…

삶은 계란 꿈은 반숙

내가 **치킨**을 당긴 것인지
치킨이 나를 당긴 것인지

치킨은 마음이 치킨다.

짐팍의 짧은 생각, '**줄다리기**' 中

나만 만나
자기는 **나만 만나**.

* 우리나라는 2024년 기준 약 11억 마리 닭고기(1인당 약 17~18kg)를 소비했습니다. 전국 치킨집 수는 약 10~11만 개로 추정되고, 우리나라 버스 정류장보다 치킨집이 더 많은 수준입니다. 국내 시장은 포화 상태로 보이고, 대기업 치킨집의 메뉴 개발과 마케팅이 어마 무시한데, 해외로 나가면 K-chicken으로 더 잘 팔리겠죠?

굉장히 굉장하고~

대단히 대단하고~

엄청나게 엄청난~

| 박 다 은 | 최고!

짐판의 짧은 생각, '**박다은 최고**' 中

비누 누비
이 **비누**로 씻고, 새롭게 세상을 **누비**라.

* 이 글은 큰 말썽 안 부리는 말썽쟁이, 제 딸에게 건넵니다.
* **활용법 : 아들, 딸, 가족, 친구의 격려와 지지는 이유 없이 무한정으로 팍팍~**
  박다은 대신에 주인공 이름을 넣고 축하 문구로 사용
  굉장, 대단, 엄청은 가나다순으로 기억하면 좋습니다.

맘엔 안 들 때 **낫 배드**(Not Bad)

사실 **낫 배드**는
나쁘지도 않지만, 좋지도 않은
따뜻한 격려

짐팍의 짧은 생각, '**Not Bad**' 中

장화 화장
장화 신은 고양이도 화장은 필요해.

소소하지만 **확실**한 **행복**(무라카미 하루키)

소비는 **확실**한 **행복**(하상욱)

소녀시대는 **확실**한 **행복**(짐팍)
소원을 말해봐
하지만, 소원을 못 이뤄 준다는 건 안 비밀

짐팍의 짧은 생각, '**소확행**' 中

백미 미백
이 화장품의 **백미**는 **미백**입니다.

약이다(나도 주치의가 있다.)
금이다(나도 부자다.)
독이다(나도 이 세상을 떠나게 될 것이다.)
독약이다(독약도 쓰기 나름이다.)

즉, 쓰기 나름(아껴서 잘 쓰자.)

짐팍의 짧은 생각, '**시간**' 中

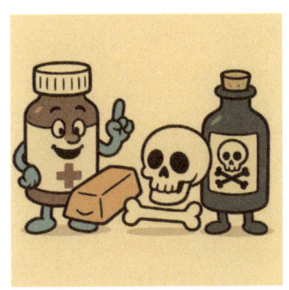

너무 무너
너무 무너지지마.

* 세계적인 투자가 워렌 버핏은 1930년 8월생 현재 95세로, 2025년 5월 기준 1,602억 달러(한화 약 224조 원)의 자산을 보유하는 것으로 추정되는데, 지금 워렌 버핏과 삶을 바꾸고 싶지 않다면, 워렌 버핏만큼 부자일 수도 있습니다. 시간 부자일 수도.

응!
오늘보다 내일 더 예뻐~

짐팍의 짧은 생각, '**나 예뻐에 대한 답변**' 中

불안 안불
불안한데 안 불안하면 불안해.

* 동화 백설공주의 최고의 미녀를 알려주던 마법의 거울은 원작 동화에서 파괴되거나, 죽지 않고, 마지막까지 '진실만을 말하는 존재'로 남았다고 합니다. 현실과는 다르게 진실을 말해도 부서져 버리지 않은 건 동화라서 가능했을지도 모릅니다.

그럼

이번에 한번 해보시죠!

짐팍의 짧은 생각, '**지금껏 그런 사례는 없었다에 대한 답변**' 中

고난 난고
고난은 왜 또 난고?

* 지금껏 그런 사례가 없었다는 건 좋은 선례를 남길 기회이자, 고생길이 열려 있다는 반증입니다. 유사한 답변으로, "언제나 처음은 있기 마련입니다." 혹은 "없었다는 건, 가능성이 열려 있다는 뜻 아닐까요?"를 사용할 수 있습니다.

글 **씀씀**이를
아끼지 말자.

글 안 **씀**
못 **씀**

이 글은
약간 **씀**

짐팍의 짧은 생각, '**씀**' 中

가난 난가
가난은 난가 하지 말고 극복하자.

* 글쓰기는 자신을 표현하는 도구로써, 창의력을 발휘할 수 있습니다. 스트레스 해소와 감정 조절에 도움을 주고, 사고력과 논리력 향상 및 기억력과 학습능력 향상에도 도움을 줍니다. 더불어, 삶을 더 풍요롭게 만드는 힘을 가진 활동입니다.

너 커서
모델라꼬
그케 공부 안하나?

모든 **델**라꼬
고마하소 쫌

그라고
가는
진짜 **모델**이 돼뿟다.

짐팍의 짧은 생각, '**모델**' 中

절박 박절
나는 **절박**한데 남은 **박절**하지.

* 나중에 어떤 일을 해야 할지 고민하는 젊은이들과 자녀들을 걱정하는 부모들에게, 무엇이든 할 수 있는 그들이 제 갈 길을 찾을 때까지 충분히 기다려 줄 수 있었으면…
* 경상도 사투리는 단호하고 직설적으로 들려 쌀쌀맞게 느껴질 수 있으나, 실제로는 정감 있는 말투입니다. 빠른 템포와 억양으로 자연스럽게 유머와 위트가 섞이는 경우가 많습니다. ~다 대신에 ~데이, ~노 등을 붙이며, 강한 높낮이 변화가 특징입니다.

해외 갈 때

커피믹스 많이 안 사가서

후회 **맥심**

짐팍의 짧은 생각, '**맥심 커피믹스**' 中

나태 태나
나태하면 태나.

* 이 글은 맥심 커피믹스 제조사, 동서식품이 좋아합니다.
* 후회막심: 더할 나위 없이 후회스러움
* 후회맥심: MAX까지 후회가 차오르는 심정

장어다.
장해
내 자신이…

짐팍의 짧은 생각, '**장어**' 中

유서 서유
유서 쓰지 말고, 똑바로 서유.

* 지금까지 그럭저럭 살아온 나 자신에 대한 칭찬과 격려로 오늘은 장어 한 마리를…

잡았다 ○ ○
1박 ○ ○
무한 ○ ○
전국 ○ ○ ○ ○

짐팍의 짧은 생각, '**말하지 않아도 알아요**' 中

불행 행불
불행이 행불(행방불명)이 됐으면.

* 간첩도 남파 전에 알아야 할 것 같은 우리나라 간판 TV 프로그램

ㅎㅓㄹㅣㅍㅣㄹㅏㅇㅜ
NeW MaN

[허리피라우 젊은이]

짐팍의 짧은 생각, '**180도 뒤집어도 같은 말**' 中

거래 래거
거래는 내거 먼저 챙기는 거.

* 책을 뒤집어도 말이 통하는 한글과 영어의 조합입니다.
* 자매품 : 우영우, 기러기, 토마토, 스위스, 인도인, 별똥별, 역삼역

스무살 무렵은 힘들다.
숨을 잘 쉬기가 힘들다.
스물스물 희망이 피어오를 때까지
포기하기 없기.

짐팍의 짧은 생각, '**스물**' 中

비극 극비
나의 **비극**은 **극비**로 하라.

* 스무 살은 자유와 책임의 시작이 동시에 찾아오며, 도전과 시행착오 속에서 자신만의 방향을 찾아가는 가장 젊고 가능성이 가득한 시기입니다. 부모 동의 없이 계약 가능, 주민등록증 발급, 술·담배 합법, 선거권 행사 가능, 군 입대·취업 등 진로 선택이 가능합니다.

산이 강에게 물었다.
넌 왜 사니?
걍

짐팍의 짧은 생각, '**강산**' 中

> **의미 해석**
> '삶의 이유'를 찾으려는 산의 질문과 '그냥 산다'는 강의 대답이 대비되어 삶이 반드시 이유가 있어야 하는 것은 아니라는 메시지를 담고 있습니다. 강은 단순히 흘러가는 것 자체가 존재 이유이며, 삶의 목적이나 이유를 애써 찾기보다 '그냥 살아감 자체가 사는 이유'임을 보여줍니다.
>
> **핵심 메시지**
> 자연스럽게 흐르는 삶의 가치, 삶에는 반드시 이유가 필요하지 않다. 단순한 존재 자체가 이미 충분한 이유, 깊게 고민하기보다는 살아가는 것 자체가 삶의 이유임을 인정하라는 울림을 줍니다.

왜 '강산'이라 제목을 붙였는가

'강'과 '산'은 우리 삶과 자연을 상징합니다. 산(질문)은 멈춰서서 큰 의미를 찾으려 하고, 강(대답)은 멈추지 않고 흐르는 자연스러움을 상징하여, 이 두 존재의 대화가 '강산'(삶과 자연, 흐름과 멈춤의 대비)이라는 제목으로 압축됩니다.

감정적 울림

이 글은 웃음이 나올 정도로 짧고 가벼우면서도 깊은 여운을 남깁니다. 당신이 삶의 의미에 지치거나, 이유를 찾는 질문에 피곤해질 때, '그냥 흘러가는 것이 삶'이라는 편안한 위로가 되어주는 글입니다.

(생성형 AI프로그램, Chat GPT의 감상평인데, 말이 정말 청산유수네요)

저주 주저
저주할 땐, 주저하게 돼.

삶은 계란 꿈은 반숙

문제없는 사람은
없다.

문제있는 사람은
결국
알게 된다.
문제의 **문제**점을

해결되든
안 되든
문제는
성장하는 기회가 된다.

짐팍의 짧은 생각, '**문제**' 中

포기 기포
포기말고 기포처럼 떠오르자.

* 문제는 불편한 질문이자 성장의 시작점이며, 문제를 보는 시선이 곧 당신의 철학입니다.

포기해야 얻게 되는 것

짐팍의 짧은 생각, '**선택**' 中

선택 택선
선택할 땐 **택선**(선을 택하라).

* 선택의 다른 이름은 포기입니다. 살을 빼자니 달콤한 초콜렛을 포기하고, 돈을 모으자니 소비를 포기하는 선택이 필요합니다.
* 현대의 경영학에서 선택과 집중은 중요한 화두 중 하나입니다. 다만 선택과 집중에 앞서 필요한 것은 포기, 사업철수입니다.

심심할 **틈**이 없다.
핸드폰과 OTT 덕분에

생각할 **틈**이 없다.
핸드폰과 OTT 덕분에

짐팍의 짧은 생각, '**틈**' 中

해고 고해
해고하면 나가서 Go해.

* 저는 생각할 틈이 없는 거 같아서, 화장실이나 산책할 때라도 핸드폰을 안 가져가려고
  노력합니다.(가져가기는 한다는 말입니다.)

마구

사지를

지압으로 누르고 주물러 주는 서비스

짐팍의 짧은 생각, '**마사지**' 中

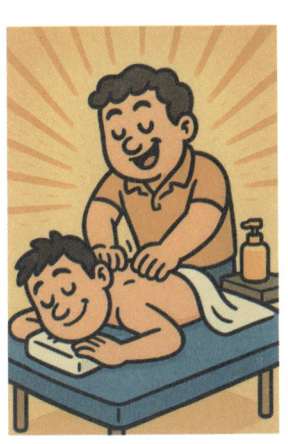

고초 초고
고초를 겪어야 최고가 됩니다.

*마사지(massage)는 손으로 누르고 주무르며, 몸과 마음을 치유하는 가장 오래되고 간단한 건강법입니다. 혈액순환, 스트레스 완화, 피로 해소에 도움을 주며 5천 년 전부터 이어져 온 인류의 휴식 기술입니다.

아줌마는
언제부턴가 억쎄고 남성스럽고
자기 이속만 챙기는 사람인 것처럼 보인다.

사실
아줌마는 누군가의 엄마

짐팍의 짧은 생각, '**아줌마**' 中

어제 제어
어제는 제어가 안 됩니다.

* 고향에 홀로 계신 어머니께 이 글을 감사한 마음으로 바치면서, 엄마 덕분에 제가 살아 있고, 잘 자랐습니다.
* 나이든 여자를 예사롭게 이르거나 부르는 말: 아줌마

잘못된 **보도**는
블록(block) 되어야 한다.

짐팍의 짧은 생각, '**보도 블록**' 中

자각 각자
모두 **자각**해서 **각자** 잘해.

* 민주주의 사회에서 언론의 중요성이 크다는 것을 실감하는 시대입니다. 제 역할을 수행하지 못한 언론에게 따끔한 일침을 가하는 마이클 잭슨이 노래합니다.
You are not alone.(너는 언론도 아니야.)

이 책을 추천해.
꼭 한번 읽어봐.

짐팍의 짧은 생각, '**살짝 부끄러운 한마디**' 中

막막 막막
눈 앞이 **막막**할 땐, 눈 뒤도 **막막**해.

* 부끄럽지만 해야 하고, 안 하면 손해인 자기 PR(Public Relations)의 시대. 자기 PR의 주요 요소는 자신의 강점을 강조하고, 명확하고 간결한 표현이어야 하고, 진실성을 유지하면서 스토리텔링 활용이 중요합니다.

분하지만,
당분간 **지켜볼 수밖에** 없을 것 같다.

짐팍의 짧은 생각, '**좌시하지 않겠다는 말의 해석**' 中

장고 고장
장고 끝에 고장 난다.

* 좌시(坐視): 앉아서 보기만 한다.

나는 가끔 잊고 산다.

짐팍의 짧은 생각, **'시한부 내 인생'** 中

자살 살자
자살 말고 **살자** 제발.

* 영원히 살 것처럼 꿈꾸고, 오늘 죽을 것처럼 살아라.(제임스 딘)
* 내일 죽을 것처럼 살고, 영원히 살 것처럼 배워라.(마하트마 간디)
* 메멘토 모리(Memeto Mori, 죽음을 기억하라), 까르페 디엠(Carpe Diem, 오늘을 즐겨라), 아모르 파티(Amor Fati, 운명을 사랑하라)
* 오늘 죽는다면, 난 뭘 해야 할까요?

3

인생 기본편

인생 준비운동 시작

```
┌                                                                    ┐
  줄눈 / 각각 각 / 백의민족 / 벗 / 제때 / 오늘 보너스 / 한 켠 / 시너지
  / 갈팡질팡 / 봄 / 오늘 / 주력 / 여행 / 비밀번호 / 마술 / 뜨개질 / 좋은
  게 / 삶 / 약 / Top of the Top / 반전 모음 / 봄와따 / 모순 / 한 번 / 위
  기 / 마지막 봄 / 밥 / 세차 / 계단 / 애국심 / 미라클 모닝 / 근거 없는
  자신감 천재
└                                                                    ┘
```

우리가 태어나기 전에, 인생 준비운동이라도 있었더라면 시행착오를 조금 줄일 수 있었을까요? 인생 준비운동, 스트레칭하는 마음으로 쫙쫙 읽어주세요.

인생 기본편에서는, 자기 자신만의 삶을 살아가는 이들을 위한 격려, 매일 아침 일어나면서 확인할 수 있는 보너스, 럭키비키와 유사한 사자성어, 근거 없는 자신감의 소중함 등을 통해서 인생 기본기를 갈고 닦을 수 있습니다.

끔찍 찍끔
끔찍한 사건은 시간이 지나도 **찍끔** 괜찮아져.

줄눈

사람들은
타인을
제대로 봐 줄 눈이
없다.

타인 의식할 것 없이
나대로 살자.

내가 바로 나다.
Wanna Be Me

일탈 탈일
일탈하지 않으면 속 탈 일이 적다.

* 화장실 줄눈은 단순한 디자인 요소가 아니라, 방수, 곰팡이 방지, 청소 편리성 등의 다양한 이점을 제공합니다.

각각 각(各)

각각 각자의 삶을 살고 있다.
우리는

까악 까악
까마귀 울며 날아간다.

갑자기 웬 까마귀냐고?

이해할 순 없어도
각각 각자의 삶을 살고 있다.
우리는

타락 락타
타락할 것 같을 땐, **낙타**를 타고 천천히.

백의민족

흰 옷을 즐겨 입었던
백의민족

글로벌 히트 게임을 만든
배그(배틀 그라운드) **민족**

백점 만점에 **백의 민족**

우리나라 만세 만세
만만세

세상 상세
세상 상세하게 설명해 주면 친절한 사람.

* 만세(萬歲): 천년만년 살기를 기원하는 말로, 축복하거나 승리를 기뻐할 때 외치는 표현
* PC와 모바일 게임인 '배틀 그라운드'의 제조사인 크래프톤은 2024년 기준 매출액 2.7조 원, 영업이익 1.1조 원을 시현했고, 배틀 그라운드의 동시 접속자 수 140만 명 이상을 기록, 매출의 약 89%가 해외에서 발생하는 글로벌 게임입니다.

벗

진정한
벗이 있다면
벗어도 좋다.

진정해~
벗…

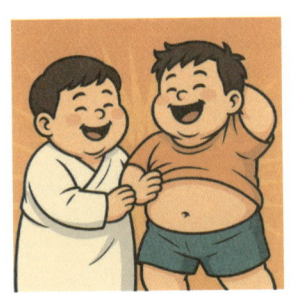

고통 통고
고통이 생겼을 땐, **통고**하고 처방받기.

제때

제때 안 자른 손톱은 자신을 다치게 하고
제때 응가하지 않으면 변비가 생기고
제때 안 한 공부는 무식을 낳고
제때 팔지 않은 자산은 손실을 부르고
제때 안 한 다이어트는 비만을 부르고
제때 안 한 효도에 불효자는 울고
제때 뒤집지 않은 삼겹살이 까맣게 탄다.

인생은 타이밍

사랑해야 할
제때는
바로 지금

기치 치기
준비 안 된 **기치**는 어린 **치기**로 보일지 몰라.

오늘 보너스

오늘
보너스 받았다.
오늘을

Today,

I've got a bonus.

The bonus is Today.

공허 허공
공허는 허공처럼 새로운 가능성의 자리이다.

* 오늘이라는 하루 자체가 삶에서 가장 큰 보너스일지도…

한 켠

오늘도 이름 모를 꽃 한 송이는
어딘가
아무도 알아주지 않는 곳에서도
열심히
꽃을 피우고 있다.

들판 **한 켠**에서
화분 **한 켠**에서
아스팔트 **한 켠**에서
사막 **한 켠**에서도

언젠가
꽃잎이 질 줄 알면서도

방해 해방
방해하면 해방하자.

시너지

시너지가
생기면
신나지.

신나면
또
시너지.

진행 행진
진행 시켜 행진.

* 시너지(Synergy)란 두 개 이상의 요소가 협력하여 개별적으로 작용할 때 보다 더 큰 효과를 내는 현상

갈팡질팡

아! 공부하고 싶다.
열라
열심히 공부해보고 싶다.

아! 아니다.
그냥 놀고 싶다.
John,
나 놀고 싶다.

도망 망도
도망갈 땐 망도라도 쓰고 가.

봄

왔어요.
왔어요.
봄이 왔어요.

산과
들과
쥐구멍에도

자해 해자
자해 말고 해자처럼 본인을 지킬 것

* 봄은 왠지 좋다~

오늘

오기만을
늘 바라왔던 그날이

바로
오늘이기를

바위 위바
바위를 만났을 땐 위 봐.

주력

청년일 때 달리는 **주력**(走力)이
장년일 때 술 마시는 **주력**(酒力)이
노년일 때 어디에서 사는지 **주력**(住力)이
더 궁금해.

방향 향방
니가 어느 **방향**으로 갈지 **향방**이 궁금해.

여행

집으로 돌아오기 위해 떠나는 길

돌아오면 떠나고 싶고
떠나면 돌아오고 싶은
아리송한 길

여전히 나는 **여행** 중

손실 실손
손실이 발생할 땐 **실손**보험이 큰 힘이 됩니다.

비밀번호

비밀번호를
틀리자
비밀번호는
비밀이라서
알려줄 수 없다고 한다.

비밀번호에 앞서
내 아이디는 뭐였드라?
비밀번호는 찾았는데
인증서 **비밀번호**는 뭐였드라?

내 **비밀번호**는
나에게도 **비밀**

운명 명운
나의 **운명**에 우리나라의 **명운**이 달렸다.

마술

술을 마시다 보면
술이 술이 **마술**이~ 하고
문제가 해결된 거 같다.

근데
술 깨고 나면 꽝이다.

마술은
현실에서
뽀록나게 되어 있다.

약점 점약
약점은 **점약**, 점심 약속으로 보완하세요.

뜨개질

뜨개질은
게으름에
질 수 없다는 자기표현이다.

뜨개질을 하자.
한 단계 더 높게 **뜨게**

과제 제과
과제는 제과와 함께

좋은 게

좋은 게
좋은 거
아닙니까?

응
아니야.

너만 좋은 게
좋은 거잖아.

몰입 입몰
몰입할 땐 입 몰린다.

* "좋은 게 좋은 거 아닙니까"는 좋게 넘어가자, 괜히 싸우지 말자는 한국적 표현으로 갈등 회피와 부드러운 상황 정리를 위한 관용구입니다. 관용구지만 많이 안 썼으면 하는 표현입니다.

삶

삶은
빨래 삶는 것 마냥
푹푹 찌고, 뜨겁고,
김새는 일 투성이다.

끓이는 걸 중단하지 않으면
결국
하얀 세탁물이 완성된다.

빨래 끝.

만화 화만
만화 보면 화만 나. 시간이 잘 가서.

약

약해지지 마요.
약하지 마요.

감기**약**은 괜찮지만
마**약**은 안돼요.

약에 발이 달린 건 아니지만
좋은 **약**도 자꾸 먹으면
약의 효능이
달아날지 몰라요.

요거 안 멕히네…

고참 참고
고참이 바로 참고서

Top of the Top

난 사실
이 세상의 **투 톱**

왜냐면
나는
손톱 발톱
보유자

굴비 비굴
굴비 못 먹는다고 **비굴**할 필요는 없어.

* 손톱은 손가락 끝의 민감한 피부를 외부환경으로부터 보호하고, 촉각 기능을 향상시키고, 도구 역할을 지원하고, 건강 상태를 반영하며, 손의 기능을 강화하고, 미적인 역할도 합니다.

반전 모음

외유내강
겉바속촉
조삼모사
내로남불
전화위복
단짠단짠
새옹지마
럭키비키

교사 사교
교사는 학생들과 **사교**적이어야 합니다.

* "럭키비키"는 걸그룹 아이브의 장원영이 사용한 신조어로, 럭키(Lucky)와 비키(장원영의 영어 이름)를 합쳐 만든 말입니다. 실제로 장원영이 스페인 빵집에 갔을 때, 바로 앞에서 빵이 매진되는 일이 있었습니다. 점원이 조금만 기다리면 새로운 빵이 나오는데 기다리겠냐고 묻자, 갓 나온 빵을 먹을 수 있는 본인이 '럭키한 비키'라고 한 말에서 유래되었다고 합니다.
"인생사 새옹지마" 말 대신 "럭키비키"로 한층 더 젊게 표현해 보세요.

봄와따

안 오는 줄 알았던
그 녀석이
죽지도 않고 돌아 왔나 봄.

봄이 왔다?
봄이 와따!

아따, **봄 와따**〜

책상 상책
책상에서 올린 계획이 상책일 리 없어.

모순

배 고프면, 배를 채우고 싶고
배 부르면, 배를 꺼트리고 싶고

낮에 졸리면, 안 졸리고 싶고
밤에 안 졸리면, 자고 싶고

너를 안 보면, 보고 싶고
너랑 있으면, 따로 있고 싶고

열정 정열
열정과 비슷한 말 **정열**

* 중국 전국시대 초나라의 상인의 이야기로 세상 모든 방패를 뚫을 수 있다는 창과, 세상 모든 창을 막을 수 있다는 방패가 있다고 마케팅을 했습니다. 이에 누군가 그 창으로 그 방패를 찌르면 어떻게 되느냐고 묻자 그 상인은 아무 대답도 하지 못했다는 데서 모순이 유래합니다. 矛(창 모), 盾(방패 순), 사실 사는 게 모순 투성입니다.

한 번

한 번 해봤더니
별거 아니더라.

사실 그 **한 번**이
어렵긴 하더라.

장사 사장
장사는 사장이 합니다.

* 이명박 전 대통령은 "내가 해봐서 아는데"를 자주 사용했다고 알려져 있고, 현대그룹 창업자 정주영 회장이 남긴 명언 중에 "이봐, 해봤어?"도 있습니다.

위기

개인, 기업, 국가에게
위기가 없었던 적은 없었다

언제
나는 평안했나?
내가 다니는 회사는?
우리나라는?

어떻게 대응하느냐 문제일 뿐

이 글도 위기다.

파산 산파
파산도 산파가 필요합니다. 변호사 광고

* 위기(危機)는 위험(危險)과 기회(機會)가 합쳐진 단어라는 해석이 종종 사용되며, 이 개념은 존 F 케네디가 연설에서 언급하면서 유명해졌다고 합니다.

마지막 봄

내 삶의 마지막일지 모를
봄이 왔다.

내 생애 가장 멋질
봄이다.

그 봄이 바로
오늘 시작이다.

부정 정부
부정한 정부는 부정 당함

밥

밥 얻어먹을 사람이 많기보다
밥 사주고 싶은 사람이 더 많았으면…

준비 비준
잘 준비한 법률만 비준할 예정입니다.

* 밥은 단순한 음식이 아닌 삶의 지속, 생존, 관계와 공동체의 연대, 노동의 결실을 상징합니다. "밥 먹었어?"라는 인사는 상대의 건강, 안부, 관계 유지를 동시에 의미하는 문화적 관습으로 발전했습니다.

세차

세차게 돈 벌어
새 차 사고 운전하다
세차한 날
비 오는 것이 인생

도피 피도
도피할 땐 피도 눈물도 없이

* 열심히 살아도 원하는 대로 흘러가지 않는 것이 인생이지만, 그것마저도 인생의 한 부분입니다.

계단

엘리베이터, 에스컬레이터보다
계단이 좋다.

느리지만
다리 힘도 길러주고
단단하게 만들어주니까

편하고 빨리
가는 것이
꼭
좋은 것 만은
아니더라.

한 단계 한 단계
걸어 올라
계단을
정복하자.

특기 기특
제 특기는 기특합니다. 기특하죠?

* 계단 걷기는 별도의 시간을 내지 않아도 쉽게 할 수 있는 고효율 유산소, 근력 복합 운동입니다. 심폐 지구력, 하체 근력, 체중 관리, 혈액순환 개선 등 전반적인 건강 증진에 효과적입니다. 엘리베이터 대신 3~5층 정도는 계단 이용이 무난하고, 하루 10분씩 2회로 나누어 시작해도 충분합니다.

애국심

애국심은
자기 나라를 사랑하는 마음

국가의 3요소는
국민, 영토, 주권

애국은
국민, 영토, 주권을 지키는 것

특히, 국민을 지키는 것을
소홀히 한다면
매국

간식 식간
간식은 **식간**에 먹으면 더 맛있습니다.

* 독립운동가분들께 존경과 감사의 말씀을 올립니다. 애국이라는 이름을 팔아 국가를 위한다는 독재자들은 국민들을 무시하고, 자신을 정당화하기도 합니다.

미라클 모닝

아침 일찍 일어나
부지런하게 무언가를 하지 않아도

미라클이다.
모닝에 눈을 잘 뜬 게…

신혼 혼신
신혼 때는 혼신의 힘을 다해

근거 없는 자신감 천재

세상에는 많은 천재가 있다.
수학 천재, 음악 천재 등등

그래도
큰 노력 없이 될 수 있는 건
근거 없는 자신감 천재

나도 할 수 있다.
자신감 천재

다운 운다
너 다운 당하면, 운다.

* 자신감은 "내가 할 수 있다"는 믿음, 자존감은 "내가 소중한 존재"라는 믿음입니다. 근거 있는 자신감은 언젠가 잃을 가능성이 높은 반면, 근거 없는 자신감(자존감)은 나를 소중한 사람으로서 자신을 있는 그대로 존중하며 긍정하는 힘입니다.

인생 활용편

인생 사용 설명서

장단기 대응 방안 / 다행 / 살아내라 / 선물 / 비밀 / 반사 / 희희낙낙 / 배려 / 신용 / 해 / 헬로 / 듣고 싶은 말 / 레버리지 / 사고 / 하자 / 확언 / 회사에 다니면 좋은 점 / 화분 / 등 / 책사 / 수도 / 진리 / CPA 활용법 / 쓰리고 / 해 2 / 어쩌라고 / 솔라시도 / 삶에 대한 짧은 문답 / 홈런 / 시행 착오 / 해피 회피

전자제품 사용 설명서가 있는 것처럼, 우리가 삐거덕거릴 때 100% 효과 있는 인생 사용 설명서가 있다면 참 좋을 텐데 말입니다. 케바케(Case by Case) 인생을 잘 대응하시는 데 도움이 되길 바랍니다.

인생 활용편에서는, 실행의 중요성, 피하거나 즐길 수 없을 때 어떻게 해야 할지, 배려받지 못할 때 대처, 듣고 싶은 말이 꼭 좋지만은 않을 수 있다는 사례, 독자에게 전하는 희망과 격려 메시지, 원고-투고-쓰리고를 할 수 있는 법 등을 통해 삶이 한층 더 업그레이드되길 기원합니다.

관리 이관
내 **관리** 업무를 **이관**하면 편해져.

장단기 대응 방안

단기 전략
달면 삼키고
쓰면 뱉는다.

장기 전략
달면 뱉고
쓰면 삼킨다.

중기 전략
장단기 전략을 섞어 쓴다.

지구 구지
지구를 구지 떠나야겠니?

* 전략 수립은 목표 달성을 위해 환경을 분석하고, 실행가능한 옵션을 선택해 구체적으로 실행하며 점검·개선해 나가는 체계적 과정입니다.

다행

성공은
다
행동이다.

행동하지 않은
성공은 없다.

성공하지 않는 방법
행동하지 않기.

소변 변소
소변을 보는 곳이 다 변소는 아니다.

* 처형의 남편인 손윗동서(신윤섭 님)가 마음속에 품고 다니는 말입니다. 다만, 뭔가를 해서 망가트릴까 봐 아무것도 안 하고 싶다는 분도 있습니다. 가수 장기하가 부릅니다. 가만있으면 되는데 자꾸만 뭘 그렇게 할라 그래.

살아내라

피할 수 없으면 즐겨라.

즐길 수 없으면 피해라.

피할 수도 즐길 수도 없다면
살아내라.

살아내면
새로운 희망이
불쑥 찾아온다.

계단 단계
계단은 단계별로 오르는 것

선물

선물 받을 때는
강하게 안 받을 것처럼
마지못해 받고

선물 줄 때는
강한 거절에도 불구하고
무조건 주고

그래야 주고받는 사람이
서로 좋더라.

뇌물 말고

화백 백화
박 **화백**의 그림이 **백화**점에 걸렸대.

비밀

너만 알고 있어라고
전하는 **비밀**은
한 명 정도에게는 말해도 괜찮아.

사실은 모든 사람들에게 말해도 괜찮아.

모두가 알아야 할 이야기가 아니라면
누설하지 말 것

사실
이 글도
너에게만 알려주는 **비밀**

심의 의심
심의하는 자리는 **의심**하는 시간

반사

오해는 오해를 낳고
이해는 이해를 낳고

너의 거절은 거절한다.
나의 원칙은 원칙을 깨는 것이다.

불리할 때는
반사

기사 사기
이 뉴스 **기사**가 **사기** 같아.

* 반사는 오해와 이해, 거절과 원칙이 관계 속에서 순환합니다. 불리할 때는 상대의 태도를 그대로 되돌려줌으로써 자신을 지키는 인간관계의 방어와 아이러니를 표현한 시입니다.

희희낙낙(熹 熹 Knock Knock)

기쁨(熹熹)이 두 배가 된다.
노크(Knock)는
두 번 이상 해야

노크도 없이
문이 열리기를
바라지는 말자.

기쁨은
노크한 사람에게
찾아온다.

지금 금지
지금 좌절 금지

배려

배려하지 않으면
배려 버린다.

이웃과 사회가
그리고
내 자신이…

이기 기이
이기 뭐하는 짓이고, **기이**하게

신용

큰 거래를 위해
꼭 키워야 하는
새로운 용, 신용

신용을 잘 키우기 위해서
시늉만 한 건 아닌지
우물에서 **숭늉** 찾은 건 아닌지

용하게 키울 것
신용

사고 고사
사고 당하는 건 고사합니다.

* 개인 차원에서 신용은 '상대방이 나를 믿고 맡길 수 있는 사람이라고 평가하는 능력'입니다. 사회적 관계와 경제적 거래 모두의 기반이 되는 가장 중요한 무형자산입니다. 자본주의에서 신용은 '미래의 가치를 담보로 현재 자본을 유통시켜 경제 성장을 가속화시키는 핵심 동력'이며 신용 없이는 자본주의가 빠르게 성장할 수 없습니다.

해

해가 말한다.
뭐든
해 보라고

아무것도
하지 않는 이에게는
지금
이럴 **태양?**

공항 항공
해외 **공항**에서, 대한**항공** 국적기를 타면
편리합니다.

헬로

헬로(Hello), 인사가 없으면
헬로 떨어진다.
지옥이 된다는 말이다.

인사만 잘해도 천국
인사 천국

사인 인사
내 **사인**은 **인사** 잘하라는 의미야.

* 인사는 상대방을 존중하고 관계를 시작하며 신뢰와 기회를 만들어 주는 가장 작지만, 강력한 습관입니다.

듣고 싶은 말

공부 하지마.
일 하지마.
운동 하지마.
마음대로 다 먹어.
다이어트 하지마.
계속 자.
유튜브 마음대로 봐.
그냥 막 살아.

그리고
사랑해.

냉전 전냉
냉전 시대에 전 냉면이요.

레버리지

식사나 음료를
상대가 미리 결제하도록
내버려 두지 않는 게 좋다.

얻어 먹은 내게
빚이 생기기 때문이다.

먼저 상대를 대접하면
인간관계의 **레버리지**를
내가 이용할 수 있다.

접대 대접
접대는 목적을 가진 환대, **대접**은 진심이 담긴 정성

사고

사고하지 않고
물건 **사고**
사고 치지 마라.

죽고
사고의 문제가 될 수도

기부 부기
제가 **기부**한 건 **부기** 안 하셔도 됩니다.

* 사치재: **사**치끼는
　　　　　치사한
　　　　　재화(예, 스포츠카, 예술품 등)

* 필수재: **필**요한 (살아가는데 꼭)
　　　　　수필 글감에 좋은
　　　　　재화(예, 쌀, 물 등)

하자

하자 없는 인생 없다.

꽃 피우기도 전에
하지 말자는 이도 있다.

그래도
그냥 **하자**.

계속 하다 보면
길이 보이고 생기고 만들어진다.

생각나는 일은
생각나자 마자 **하자**.

화목 목화
화목에는 목화솜을 따고, 월수금은 쉬세요.

확언

정승제 수학 선생님
고등학교에 합격할 정도의 두뇌를 가지고 있으면,
누구나 내신 1등급은 가능합니다.

정선근 교수님(백년 허리 저자)
모든 찢어진 디스크는 자연 치유될 수 있습니다.

짐팍
이 책을 읽는 당신은 이미 창의적이거나,
더욱 창의적인 사람이 될 것입니다.

용도 도용
이번 도서의 용도와 컨셉은 도용당하지 말자.

회사에 다니면 좋은 점

회사에서
응가하는 시간에도 월급이 나온다.
가능하면 응가는 회사에서

응가하는 시간은
일 안 하는 시간이라고
죄책감은 필요 없어.

근무 중에 적절한 휴식은
직원의 권리이자
회사를 자연스럽게
돌아가게 하는 윤활유이니까

교육 육교
도로교통 **교육**은 **육교** 아래서 진행합니다.

화분

화가 나고
분을 삭히지 못할 때

화분을 보라.

들숨과 날숨으로
화와 **분**을 내 보내라.

영어 어영
영어를 **어영**부영 공부하면, 점수가 안 나옵니다.

* 심호흡은 깊고 천천히 들이쉬고 내쉬는 호흡으로, 단순한 산소 공급 이상의 놀라운 이점이 있습니다. 스트레스 완화, 집중력 향상, 혈압과 심박수 안정화, 감정 조절, 면역 기능 강화에 도움을 줍니다. 심호흡 한 번 하세요.

등

애매한 위치의 가려운 **등**은
곤란하지만

애매한 설명에 **등**을 붙이면
나중에 추가할 수도 있고
두리뭉술하니 좋다.

설명이 부족하다 싶으면
기타 **등등**으로 마무리 등

권태 태권
삶의 **권태**가 왔을 때, **태권**도를 시작해.

* "등"은 예시적·포괄적 열거로서 앞서 언급된 것과 동일 또는 유사한 성질의 것만 포함됩니다. 법령의 취지·목적에 맞추어 해석하며, 해석의 포함 여부와 판단 근거를 내부적으로 남기는 것이 안전합니다. "등"을 통한 범위 확장에는 한계가 있으며, 무한정 적용은 불가합니다.

책사

책이
인생을
책임져주진
않지만

책사
역할을
톡톡히
해준다.

책사 말을
따를지 말지는
주군의 마음

책 사!
그리고
씹고 뜯고 맛보고 즐기고

주차 차주
주차하신 차주분은 차를 빼주세요.

* 책은 지식과 지혜를 쌓는 가장 오래되었지만 가장 강력한 수단입니다. 독서는 지식 습득, 사고력 향상, 집중력·인내력 강화, 심리적 안정, 공감력·시야 확장이 가능합니다. 또한 책은 라면냄비 받침대, 베개, 모기 잡기용, 컵 받침대, 무릎 보호대, 호신용, 카페 자리 맞추기용, 불면증 치료, 있어 보이기 등에도 활용될 수 있습니다.

수도

우리나라
수도는
서울

서울
수도물은
아리수

아리숭한
문제는
그럴 **수도**
하고
넘어가자.

원시 시원
원시인은 **시원**하게 입고 다녔다.

진리

진리는
질린다.

너도 알고
나도 알지만

실행하기만
어려울 뿐이다.

질리도록
실행할 것

친미 미친
그는 친미를 미친이라고 했다.

CPA 활용법

CPA(공인회계사)는 입사 초기에
Copy(복사하기)
Paste(붙여넣기)
Attach(첨부하기)가 주 업무라고 합니다.

이를 다른 직종의 신입직원에게 응용한다면,

Copy(기존 업무를 확인)
Preview(어떻게 활용할지 사전 검토)
Amend(해당 업무를 수정하여 적용)
추천합니다.

치아 아치
치아 사이로 침을 뱉는 그는 양아치였다.

* CPA : Certified Public Accountant(공인회계사)

쓰리고(Three Go)

원고를
투고하면
쓰리고도 쌉 가능

TO GO (투고, 가야 할 길)
출판하기

단지 지단
나는 **단지 지단**을 보러 왔다.

* 원고 : 발표하기 위해 쓴 글, 고스톱 게임에서 이기고 있는 사람이 게임을 중지하지 않고 한 번 더 게임을 진행할 때
* 투고 : 의뢰를 받지 아니한 사람이 신문이나 출판사에 실어 달라고 원고를 써서 보냄
* 쓰리고 : 고스톱 게임에서 고(go)를 세 번 선택하면 점수가 두 배로 증가하는 효과가 있음
* 쌉 가능 : "완전 가능"이라는 의미의 신조어로 강조할 때 쓰이고, "쌉"은 매우, 완전, 정말 등의 의미를 가짐

해 2

해는
중천에서
몸으로 말한다

해 보라고

일단 한번
해 보고

회피하지 말고
해피 투게더

철수 수철
철수와 수철이는 친구

어쩌라고

짧게 말하면
상대방을 기분 나쁘게 하는 말

상대방을 기분 상하게 하지 않으려면
되도록 길게 말할 것

그러시군요.(상대방에게 공감)
제가 어떻게 하면 좋을까요?(해결책을 묻는 방식으로 대응)
그 부분은 더 고민해봐야겠네요.(즉각적인 반응 대신 생각해 보겠다는 의미)

운행 행운
운행하는 중에 싱크홀을 벗어난 건 행운이야.

솔라시도

실패하더라도
시도하는 게 낫다.

시 집을 못 내더라도
시 도 하는 게 낫다.
시시해도

내 **시 도**
무지개빛
도레미파 솔라**시도**

수학 학수
니가 **수학**을 잘할 수 있기를 **학수**고대하고 있어.

삶에 대한 짧은 문답

우리는 어디에서 왔을까요?
그건 나도 궁금해

우리는 왜 살아야 하죠?
태어났으니까

그럼 어떻게 살아야 할까요?
용감하고 씩씩하게

더 이상의 자세한 설명은 생략합니다.

황당 당황
황당은 이게 무슨 일이야, **당황**은 이걸 어
떻게 하지.

홈런(Home Run)

일터에서 대박 친 건 없어도

퇴근 후 집에 돌아가면
홈런!

집에 갈 땐
달려 가즈아

한국 국한
한국인은 국내에 국한되기에는 아까운 민족

* 야구에서 홈런은 타자가 친 공이 경기장의 외야 펜스를 넘어가는 경우에 홈까지 들어오면 1점을 기록하게 됩니다. 타자가 친 공이 경기장의 외야 펜스를 넘겼더라도 홈까지 들어오지 못하면 1점을 기록할 수 없는 것처럼, 집(home)으로 무사히 돌아오는 것이 홈런의 필수요건입니다. Home Sweet Home.

시행 착오

시행(trial)하면
착오(error)가 따라옵니다.

시행착오를 겪은 후에

포기 후 실패할 것인가?
성장 후 성공할 것인가!

일본 본일
일본인을 독도에서 **본일**은 없다.

해피 회피

일 해피하게 할거야?
일 회피할거야?

해피 피해
해피하지 않으면 나만 **피해**.

언어유희편

말장난 속에 마음이 들어있어요

> 못 난 놈 / 무유 / TAKE 3 / 문장부호 / 린나이 / 데이트 / 필살기 / 8자 / 역으로 / 자주 / 영감 / 매도 / 자란다 / 난센스 / 시인 / 만 / 돈독 / 싯가 / 논 / 미스타 김 /·명산 / 세신사 / 홍시 / 단거 / 안전 제일 / 참고 자료 / 달력 / 식욕 조절 한방 다이어트 / 애드립 / 고양이 / 니나너 / 도로 / 스포츠 / Problem / 스치면 인연 / 술 먹고 다음 날 받고 싶은 상은? / 소식 / 버디 찬스 / 내 골프 스코어가 줄지 않는 이유 / 아마와 프로 / 바보? 천재! / 약관

말장난하는 사람은 단순하게 말장난을 즐기는 것이 아니라, 같이 있는 사람에게 웃음을 주고 싶어서 썰렁해질지 모를 리스크를 무릅쓴 것일지도 모릅니다. 언어유희를 시도한 모두가 인정받고, 분위기도 좋아질 수 있기를…

이번 장에서는, 못난 놈에 대한 격려, 모쏠도 즐길 수 있는 데이트, 살기 없는 필살기, 상사에게 본인이 일 잘한다고 어필할 수 있는 네 글자, 우리가 천재일 수밖에 없는 이유 등을 통해 따뜻한 말장난 속에서 격려하고, 성장하는 기회를 지향합니다.

중국 국중
중국은 자국이 세계**국 중**에 중심이라고 생각한다.

못난 놈

나는 못난 놈
아니 못 난 놈
아직 날 수 있으니
사실은 안 난 놈!

북한 한북
북한은 남한 북한의 통일을 소원한다.

무유(無 有)

무에서 유를
창조하기 위해서는
이게 무유(뭐야?) 하는
어려운 순간들을 맞닥뜨린다.

우유가 넘어지면
아야~

무유하려면(무에서 유를 창조하려면)
마야~
하지 마야 할까 생각이 든다.

러시 시러
러시 아워에 퇴근은 **시러**.

TAKE 3

스테이크 잘못 구우면
미스테이크, Mistake

나 스테이크 먹는다고
주문할 땐
미 스테이크, Me steak

미혼인 김비서가 서류를 접수했을 땐
미스 테이크, Miss take

원수 수원
원수에게는 수원왕갈비통닭을 건네세요.

* 문법적으로 me steak는 올바른 표현이 아닙니다. 구어체 농담/비표준어이고, 사용하게 되면 어색하고 무례해 보입니다. 간단하게 Steak, please로 써도 됩니다.

문장부호

쉼표 없이 살다가
물음표(?)가 생기거나
느낌표(!)가 안 떠오를땐
쉼표(,)가 필요해

결국 마침표(.) 찍을 인생
!@#$%^&*
특별 기호처럼 살자

광주 주광
광주시청 로비 형광등은 주광색

린나이

처음 만난 사람에게
항상 묻고 싶은 그 질문

닌 나이가
몇 살?

용인 인용
용인시는 살기 좋은 도시로 **인용**되길 원한다.

데이트

모태솔로인 나에게
데이트할 일이 생겼다.

그래서
업 되었다.

그것은
핸드폰 앱
업데이트

전주 주전
전주 남부시장에는 주전부리할 게 많아요.

필살기

나의 **필살기**는
반드시 **살기**
죽지 않아~

도덕 덕도
도덕을 공부하면, 덕도 쌓을 수 있을까?

* 필살기(必殺技) : 사람을 확실히 죽이는 기술

8자

내 **팔자**는 뭘까?

팔짱을 끼고 생각해도
알 수 없다.

팔짱 끼워주는 가족과 함께라면
족할 수도 있는 게 아닌가?
아니면
생각을 좀 더 해보고…

안 좋은 **팔자**랑 **팔자** 주름은
피하고 싶고
안 좋은 주식은 이제 그만
팔자.

성남 남성
성남을 표시하는 게 **남성**적이라고 생각하면 안 돼.

역으로

너 집에 어떻게 가?

지하철 **역으로** 가

응, 항상 **역으로**
역지사지로
살자

제주 주제
제주에서는 **주제** 파악하게 돼.

자주

너 요새
술을 **자주** 먹는다?

응
자주적으로
살려고…

광고 고광
광고 지면은 고광택으로

영감

나는
타인에게

영감을 주는 사람인가?
영감 같은 사람인가?

영~ **감**이 안 오네

영감은
영(Young)한 **감**으로부터

부천 천부
부천은 **천부**의 도움으로 살기 좋은 도시.

* 이 책에서 독자분들께 드릴 것이 별로 없지만, 작은 영감 하나 드릴 수 있었으면 하는 큰 영감이 떠오르네요.

매도

부동산 **매도**가 안되어
전전긍긍하는 이웃에게
응원의 한마디

매도 먼저 맞는 게 나아
부동산 **매도** 잘 될 거야.

몽골에 사는 **매도**
잘못하면 **매도** 맞는겨~

안산 산안
내가 **안산** 땅은 없어도 **산 안**은 오를 수 있어.

* 주식 투자에서 매수는 기술, 매도는 예술이라는 말이 있습니다. 굳이 예술적으로 매도 하지 않아도 우리나라 주식시장이 아름답게 우상향해서 어느 때든 마음 편하게 매도할 수 있었으면~

자란다

나는 내가
할 일을 **잘 안다**.
그래서 **잘한다**.
그리고 **자란다**.

와이프가 얼른
자란다.

전라 라전
전라도는 **나전칠기**가 유명하다.

난센스

난 센스 있는 사람이냐고 물으면
넌 센스없는 사람

경상 상경
경상도에는 상경한 사람이 많아.

시인

시인 하시겠습니까?

네!

당신은 **시인**하셨으므로
오늘부터
시인이 되셨습니다.

오늘부터
시인 1일

정책 책정
정책은 **책정**될 예산의 규모가 중요합니다.

* 한국시인협회에 가입하려면, 등단 3년 이상의 경력 혹은 등단 이후 3회 이상 작품 발표 또는 창작시집 간행 경험 등이 필요합니다. 비공식 시인이면 뭐 어떻습니까?

만

내 나이 만 마흔여섯 살
10,046살?

생각보다 많이 살았다.

회사 사회
회사는 사회에 꼭 필요한 경제 주체

* 한국인은 세 개의 나이를 가지고 삽니다.
  세는 나이 : 태어나는 동시에 1살, 새해가 되면 1살 추가
  만 나이 : 태어나면 0살, 생일이 돌아오면 1살 추가
  연 나이 : 현재 연도 - 태어난 연도
  정부에서 만 나이를 2023년 6월부터 공식으로 인정했습니다.
* KFC를 창업한 '커넬 샌더스'의 당시 나이는 68세
  최고령 헤비급 챔피언이었던 '조지 포먼'의 당시 나이는 45세
  세계 최고령 마라토너 '파우자 싱'의 나이는 102세

돈독

돈 버는 법에는
친숙하되
돈독에
오르지 말자

대신
가족, 이웃과
돈독하게
지내자

보안 안보
보안 챙긴다고 국민은 안 보이냐?

싯가

공정한 시장거래를 통해
사장이 적당히 결정하고
고객은 그냥 수용하는 가격, **싯가**

이 글은
싯가?

기대 대기
너에 대한 **기대는 대기중**

논

어제
논
사람?

저요!

논듯이 일하고
일하듯이 놀고
그렇게 살고파.

마님 임마
마님 잘하겠습니다. 안돼 **임마**

* 군대 용어 중에 "훈련은 실전처럼, 실전은 훈련처럼"이란 말이 있습니다. 놀 듯이 일하고, 일하듯이 놀았으면 합니다. 코미디언 이주일 씨가 국회 의정활동을 마치면서 "4년 동안 코미디 잘 배우고 갑니다."라고 했다고 전해지는데, 이 또한 비슷한 논리 같습니다.

미스타 김

김미(김 味)
김 맛있다

김미김(Give me 김)
나에게 김을 주세요

김미미김(Give me 味 김)
나에게 맛난 김을 주세요

미 스타 김(味 스타 김)
맛의 스타 김

여보 보여
여보 내가 보여?

* 김의 어원 : 하동 사람들은 태인도 "김씨"가 만든 것이라고 "김"이라고 불렀다고 합니다.

명산

우리나라 **명산**은
백두산, 한라산, 계룡산 등등
많지만

그중에 제일은
내 명의 부동산(사실은 공동명의)

100대 명산(고도순)
한라산, 지리산, 설악산, 덕유산, 계방산, 태백산, 오대산, 가리왕산, 화악산, 방태산, 소백산, 가야산, 점봉산, 두타산, 백덕산, 대암산, 치악산, 명지산, 민주지산, 가지산, 장안산, 백운산(광양), 운문산, 황석산, 팔공산, 무등산, 신불산, 용문산, 운장산, 재약산, 황매산, 황악산, 주흘산, 월악산, 비슬산, 황장산, 덕항산, 속리산, 가리산, 적상산, 태화산, 금수산, 응봉산, 회양산, 성인봉, 금오산, 도락산, 운악산, 대야산, 명성산, 천성산, 서대산, 백운산(포천), 공작산, 조계산, 축령산, 백운산(정선), 대둔산, 용화산, 구병산, 청량산, 유명산, 계룡산, 북한산, 월출산, 천마산, 금정산, 모악산, 오봉산, 내장산, 무학산, 화왕산, 백암산, 도봉산, 방장산, 추월산, 천관산, 주왕산, 천태산, 내연산, 금산, 두륜산, 마이산, 감악산, 삼악산, 관악산, 팔영산, 소요산, 강천산, 칠갑산, 연화산, 덕숭산, 남산(경주), 마니산, 변산, 미륵산, 지리산(통영), 깃대봉, 선운산, 팔봉산

불끈 끈불
그는 불끈했지만, 끈 불이었다.

세신사

세신사가 전합니다.

이럴 때가 아닙니다
때는 끝날 때까지 끝난 게 아닙니다
사람은 때를 알아야 합니다.

박수칠 때, 돌아라.

금연 연금
금연 안 하면, **연금** 못 탄다.

홍시

이 시는
홍시입니다.

홍시를 먹으면서
홍색 글자색으로 쓰고 있어서입니다.

대한민국 토종 대표 히어로이자
아무개씨와 어깨를 나란히 하는
홍씨. 홍길동씨도 잘 지내시죠?

금주 주금
금주 안 하면, 주금이다.

단거

단거[danger]는
위험(danger)

너를 **안거**[anger]는
화나(anger)

이제서야 엔젤(angel),
너를 안걸[angel]

만원 원만
사천**만원**만 땡겨 주면, **원만**히 해결될 일인데.

안전 제일

제 일은
안전합니다.

걱정하지 마세요.

공모 모공
공모전을 준비하다가 **모공**이 이렇게 넓어
진지 몰랐어.

참고 자료

안 그래도 볼 게 많은데
참고 추가로 더 봐야 하는 **자료**

공부하고 싶어도
밤이 늦었으니
참고 자렴.

축구 구축
축구는 수비진을 잘 구축하는 것이 중요해.

* 우리 딸은 국어학원도 여러 개 보내달라고도 하면서 공부도 열심히 하고, 가끔 늦게까지 공부하는 바람에, 그만 공부하고 자라고 말할 수 있는 기회가 있어 어찌나 다행인지…

달력

전력을 다해
달리는
달력이다.

해가 뜨고 지고
달이 뜨고 져도
달력이다.

기침이 나오고
식은땀이 흘러도
기력이 달려도
달력이다.

하루는 지루하지만
일 년은 빠른
달력이다.

오빠

달력~

Stressed Desserts
요새 스트레스는 디저트로 풀어

식욕 조절 한방 다이어트

욕 먹는(**식욕**) 거
한방에 줄여주는 다이어트가
있으면 좋겠는데.

생겨도 아무도 안 살 거 같다.

욕 먹어도 잘 사는 사람들이
하도 많아서

석사 사석
석사 학위는 **사석**보다는 공석에서 빛난다.

애드립

요새
애들 입만 입이고
어른 입은 주둥이

이런 말 하면
아재라고 하는지 알면서도
우리 때는 아버지 숟가락 들기 전에
숟가락도 안 들었다.

뭘 바꾸자고 그런 것도 아니고
그냥 그렇다고
알아주기는 했으면 해서…

기초 초기
기초는 초기에 잡아야 합니다.

고양이

나는 **고양이**로 알고 있는데
자꾸 나비라고 부르니

고양이인지 나비인지
헷갈린다.

주인 양반이 자꾸 자신을
집사라고 부르니

내가 사람 주인인지
사람이 내 주인인지
헷갈린다.

그래도 나는 **고양이**다.
현혹되지 말자.

부자 자부
진짜 **부자**는 부자라고 **자부**하지 않는다.

니나너

니와
나는
다르다.

틀린게
아니고
다르다.

사는게
니나너~
니나노~

자책 책자
자책은 책자에 굳이 남길 필요 없다.

* 니나노는 한국 전통 민요에서 나오는 흥겨운 후렴구입니다. "니나"는 "놀아라"의 옛말, "놀아"에서 "노"는 감탄사에서 비롯되었다는 설도 있습니다. 현대에는 단순히 "신난다", "흥겹다"의 느낌으로도 사용됩니다.

도로

도로
다시
도로를
뜯고 있네.

도로
다시
돌려놔라.
그 **도로**

도로시도
화가
난다.

연말에만 하는
그 **도로**공사

생일 일생
생일은 일생을 챙겨줘도 좋아.

* 연말에 집중되던 도로, 보도공사 예산 집행은 예산이월, 불용 방지 목적으로 연말에 집행하는 관행이 주요 원인이었습니다. 최근에는 예산의 상반기 60% 이상 집행을 유도하고, 도로, 보도공사 통합 발주, 주민참여형 공사 일정 관리로 많이 개선되었다고 합니다.

스포츠

넌 내게
목욕감을
줬어.

농구
축구
배구
씨름
레슬링
주짓수
UFC

적극 극적
적극적으로 **극적**인 상황을 만들어 주세요.

Problem(프라블럼)

이 문제 **풀어블 놈**(problem)?

이 문제를 **풀어볼 놈**이
바로 접니다.

기획 획기
기획은 획기적으로

스치면 인연

스치면 인연
스며들면 사랑

내 주먹에
스치면 사망

우리 집에
숨어들어도 사망

If it passes by, then it's a relation.(스치면 인연)
If it sinks into one's mind, the it's love.(스며들면 사랑)
(영화 〈잠자는 숲속의 공주〉 中)

로또 또로
로또가 당첨되지 않아 눈물이 **또로로**

술 먹고 다음 날 받고 싶은 상은?

1. 진상 2. 참가상 3. 밥상 4. 내상

객관 관객
객관적인지 여부는 관객이 판단해.

소식

내 소원은 **소식**
소고기만 먹기.

친구의 **소식**이 없으면
So sick한 줄 알고 있어야겠다.

아니다
친구도 내 연락을 기다리고 있겠구나.

부두 두부
비 내리는 **부두**가에서 **두부** 한 모를 베어
물었다.

* 아주 가끔 연락을 해도 자주 만난 것처럼 편안한 친구들이 있습니다. 분당에 사는 정희원 아빠 정현철 형님, 북교동 친구들, EAG, 컴퓨터반, 광목 사육회, 공장 동기/선후배들, 양채열 교수님께 책 발간과 더불어, 안부 인사와 감사 말씀을 올립니다.

버디 찬스

짧은 거리 퍼팅,
버디 찬스의 다른 이름은
바보 찬스

넣으면 **버디**
못 넣으면 바보

여기
바보 하나 추가요~

모기 기모
모기는 기모바지를 뚫고 그를 물었다.

내 골프 스코어가 줄지 않는 이유

눈이 부시게 날이 맑아서
비가 내려서
캐디가 센스 없어서
생크, 입스, 골프 엘보가 와서
슬라이스, 훅, 뒷땅 때려서
페어웨이 관리가 안 되어 있어서
벙커, 워터 해저드가 많아서
그린 속도가 빠르거나 느려서
오르막, 내리막 포지션이어서
앞 팀 라운딩 속도가 느려서
뒷 팀이 너무 빠르게 추격해와서
티칭프로가 여자 수강생만 예뻐해서
유튜브를 너무 많이 봐서
손목 코킹, 래깅, 지면 반력, 힙턴이 안돼서…

그리고 내가 못 쳐서…

독단 단독
독단은 **단독**으로 생각한 일을 밀어붙이
는 것

아마와 프로

아마추어는
문제를 맞추어 잡으면서
아마 추워.

프로는
문제를 깔끔하게 잘 풀어
프로는 따뜻.

신임 임신
이번에 **신임** 대표님은 **임신** 중입니다.

바보? 천재!

세상에 사람은 딱 두 종류만 있다는 가정이야.
바보 아니면 **천재**

이 글을 읽고 이해하고 있다면
당신은 바보는 아니니
천재야.

천재가 아니라고 겸손할 필요는 없어
너와 나만의 비밀이니깐

사실 나도 **천재**거든
힘내~

여기 기여
지금 **여기**에서 **기여**할 바를 찾으세요.

약관

약관의 나이를 지나
불혹의 나이에도
여전히 모르겠다.

온라인 사이트
약관!

약관 모르는 게 아니고
정말 모르겠다.

너 읽느라
스트레스가
쌓인다.

스트레스가 쌓이느니
그냥 덮어놓고
예~예~ 하고 있다.

행동 동행
선한 **행동**은 **동행**하는 사람이 있다.

6

부록1_추천 메뉴편

추천은 내 맘

배달의민족에서 카피라이터라면 / 레스토랑 추천 메뉴 / 전주시 추천 메뉴 / 제철 회 / 명품 / 농구 동아리에서 카피라이터라면 / 분식집 추천 메뉴 / 직원 회식 추천 메뉴 / 샌드위치 조심 / 씨유 / 컨디션 난조 / 영어 동아리에서 카피라이터라면 / 오너 쉐프가 메뉴명을 짓는다면 / 신해철 헌정시

저메추(저녁 메뉴 추천), 인터넷 쇼핑몰의 추천 상품 등으로 추천이 어느 때보다 대중화된 세상입니다. 여기에도 추천 메뉴편이 준비되었으니 한번 확인해보시죠~

이번 장에서는, 배민, 농구동아리에서 참고할 만한 추천 글, 직원 회식할 때 어떤 의미를 담아 메뉴를 선택할 수 있을지, 오너 쉐프가 즉시 활용 가능한 단골 고객 확보를 위한 메뉴명 소개, 신해철 헌정시 등을 맛보시라고 추천해드립니다.

정치 치정
정치는 여당과 야당의 배신과 복수의 **치정**극

배달의민족에서 카피라이터라면

닭다리도 물어보고 건네라(팍팍살 애호가)
내일은 회가 서쪽에서 뜨겠네(서해안 횟집)
계란으로 바위 쳐서 얼른 까먹자(다이어터)
치킨도 제 말하면 배달 온다(배민)
튀김 옷이 날개다(튀김 전문점)
닭발 없는 치킨이 천리 간다(치킨집)
치킨을 사랑하는 량(치사량, 1인1닭)
집 떠나야 생각나는 인생 맛집(엄마 집밥)
꿩 대신 닭 배달됩니다(배민)
니가 나한테 회 준 게 뭐야(회 안 사줄 때)
회도 회도 너무회(연달아 횟집 회식)
봄 여름 가을 겨울, 제철 음식(치킨)

오이 이오
내가 오이년생으로 보이오?

레스토랑 추천 메뉴

고르고 골라
조르고 졸라 먹는,
고르곤졸라 피자

토요일에는
마구마구
또 먹고픈
토마토 스파게티

내가 먹은 스파게티
알리고 SNS에
올리고 먹는
알리오올리오 스파게티

소장 장소
관리소장은 이 장소를 책임집니다.

전주시 추천 메뉴

전주 비빔밥
금주 한정식
차주 콩나물국밥

Last week, Jeonju Bibimbap
This week, Han-jeongsik
Next week, Bean Sprout and Rice Soup

지방 방지
지방으로 살찌는 것을 **방지**하면 대박 상품

제철 회

감성 돋울 땐 감성돔

도움을 청할 땐 청어(1월)
미국 유학 가는 남친에게는 도미(2월)
개념 없이 투기하려는 친구에게는 도다리(3월)
매력적인 이성에게는 참치(4월)
훈계하고 눈물 닦아줄 땐 우럭(5월)
장하다고 칭찬하고 싶을 땐 장어(6월)
농담을 잘하는 친구에게는 농어(7월)
시민들 생각 안 하는 정치인들에게는 민어(8월)
집 나간 며느리 찾고 있는 시어머니에게는 전어(9월)
암담한 친구에게 빛나라고 광어(10월)
밤새우고 피곤한 친구에게는 새우(11월)
공격만 하느라 수비 안 하는 친구에게는 방어(12월)

추천합니다.

기후 후기
지구 온난화 **기후**에 따른 피해 **후기**는 섬뜩하다.

명품

당신이
구찌
명품을 산다면

서울시보다는
지방시의 아울렛에서

가게에 있는 명품을
모조리 **프라다** 놓고
전부 **샤넬** 기세로 훑어보고
루이비통에 담아

티파니에서 아침 맞는 기분을
느낄 수 있다면
다 사버려

그대는
아르마니한 사람이니…

지진 진지
그는 **지진**이 나도 **진지**를 챙겨 드실 분이다.

농구 동아리에서 카피라이터라면

우리 농구부는
나이, 키 제한이 없습니다. (NIKE)

내 운동화 **어디둬쓰?**
여깄어, 아디다스 (adidas)

우리 농구부에
당신이 가입한다면 **니 복**(福)
우리 모두에게는 우리 복(福), (Reebok)

준비운동 없이
농구하다가
허리 **휠라**
준비운동은 필수 (FILA)

농구는
패스, 복지, 피 땀 눈물, 겨울 내복, 롱다리 운동,
사랑…

동감 감동
화자의 말을 진심으로 **동감**해주면, 감동

분식집 추천 메뉴

안 사가면 딱 볶이기 좋은 떡볶이
먹을 때 라라라 노래가 나오는 라면
묵어도 묵어도 안 질리는 어묵
김치는 볶아 먹어도 진리, 김치볶음밥
미운 친구한테 오무리고 있으라고 오므라이스
신발도 튀기면 맛나다는 튀김류
가래 끓을 땐 카레 한 사발
큰일 앞두고 쫄리면 힘내라고 쫄면

라면 면라
라면 먹을 땐 면 나눠.

직원 회식 추천 메뉴

일을 너무 열심히 하는 직원에게 일을 설렁설렁하라고 설렁탕
거북목, 굽은 등으로 힘들어하는 직원에게 어깨 펴라고 피자
중요한 의사결정을 앞두고 답답할 땐 감 잡으라고 감자탕
모임에 잘 안 나오는 직원에게 잘 나오라고 오뎅탕
걱정이 많은 직원들에게 소고기 안심

이해 해이
이해하는 것이 해이해지면 관계가 멀어진다.

샌드위치 조심

샌드위치는
도박 중간에 만들어 먹은 음식이라
도박 조심

샌드 위치,
모래성 같은 위치도
조심

복사 사복
복사할 때는 편하게 **사복** 차림으로 하세요.

* 샌드위치는 18세기 영국의 존 몬태규, 샌드위치 4대 백작에서 유래되었습니다. 그는 카드 게임 중에 식사를 하려고 빵 두 조각 사이에 고기 등을 끼워 먹었다고 합니다. 이를 본 사람들이 "나도 샌드위치처럼 주세요."라고 요청하면서, 이 음식의 이름이 '샌드위치'라고 불리게 되었습니다.

씨유(C U)

작별할 땐
잘 가라는 굿바이 보다는
또 보자는 **씨유**를

다시 만나 반가울 땐
또 만났**씨유**

반가움에 음료수 한잔
대접하고 플땐
편의점 **씨유**에서

나는 당신을 봅니다.
I C U.

지폐 폐지
지폐 보기를 **폐지** 보듯 하라.

컨디션 난조

오늘은
컨디션 난조

오늘은
컨디션이 난 조아.

컨디션이 안 좋을 땐
견디셔.

능가 가능
내가 **능가**할 수 없다고 생각한 업무도 하다 보면 **가능**

영어 동아리에서 카피라이터라면

영어가 남일이가?(김남일 배경사진)
영어에 채연니?(채연 배경사진)
영어 공부 같이 해 보아요.(보아 배경사진)
영어의 선발을 원하십니까?(김병현 배경사진)
영어공부 안 하면 팬다.(팬다 배경사진)
영어에 모자르던 사람들(모짜르트 배경사진)
뱉으면 영어가 된다.(배트맨 배경사진)

미안 안미
미안해? 안 미안해?

오너 쉐프가 메뉴명을 짓는다면

(한식) 시골집 외할머니 손맛이 담긴 청국장과 직접 담근 묵은지, 솥에서 갓 지은 누룽지밥, 제철 나물 다섯 가지와 함께 나오는 **전통 한상차림**

(분식) 집에서 뒹굴거리는 여동생한테 시켜서 끓여 먹는 것보다 두 배 간편한 **라면 정식 세트**

(이탈리안식) 3일간 숙성한 간장 양념의 한우 불고기와 참기름으로 볶은 양파, 표고버섯, 구운 마늘, 수제 된장소스를 곁들인 **야채쌈 플래터**

(중식) 건해산물은 하루 전부터 불려두고, 육류는 핏물 제거 후 데쳐 잡내를 제고. 오골계는 1시간 30분 삶고, 돼지 힘줄은 생강, 대파와 함께 2시간 찌고, 건관자는 부드러워질 때까지 찌기. 향이 섞이지 않도록 순서대로 정갈하게 항아리에 재료를 층층이 담기. 육수 붓고 중약불에서 6시간 이상 푹 끓이기. 기름 제거 후 간을 보고 소흥주로 향을 더해 마무리를 한 **불도장**

적수 수적
적수 대비 수적으로 열세에도 불구하고 대승을 거두신 이순신 장군
- 명량해전: 조선 해군 12척, 일본 해군 130척

* 어느 때보다 맛집에 대한 관심이 높아지는 요즘에 모르는 요리가 점점 많아졌습니다. 모르면서 아는 척하기도 뭐하고 다 찾아보기는 귀찮습니다. 메뉴판에 조리법을 친절하게 써주는 경우가 없다 보니, 오너 쉐프라면 요리 준비과정에서부터 식탁에 오르기까지 친절한 설명을 해주면 어떨까요?

신해철 헌정시

이 시는 "그대에게", 혹은 "나에게 쓰는 편지" 같아요.

여자친구가 생겼을 때, 내 "일상으로의 초대"도 하고
"재즈 카페"에도 같이 놀러 가야지.

"길 위에서" "도시인"으로서
"민물장어의 꿈"을 헤아리기 어렵지만

"우리 앞의 생이 끝나갈 때" "슬픈 표정 하지 말아요."
"50년 후의 내 모습"이 궁금하다면, "함께 가요."

"아따" "니가 진짜로 원하는 게 뭐야."
"Here, I Stand For You."
"내 마음 깊은 곳의 너"에게

가사 사가
이 노래 가사를 좀 사가세요.

* 나의 어린 시절부터 오랫동안 좋아해 왔던 故신해철을 기리면서, 그가 남기고 간 주옥 같은 명곡명들을 꿰어 헌정시를 만들어 봤습니다. 신해철 Forever!

부록 2_ 종이 오락실편

오락은 영원히

일생일대의 오목 한판 / 오타니의 만다라트로 나도 천재 도전하기 / 지금 나에게 좋은 질문 세 가지 / 올해 가기 전에 이루고 싶은 버킷리스트 / 10년 내 버킷리스트 / 감사 일기 / 불만 일기 / 자랑 일기

제가 어렸을 때, 엄마 몰래 오락실을 갔다가 종종 혼이 났습니다. 이젠 오락실 간다고 혼날 나이는 아니지만, 오락실 갈 일이 별로 없어 당근에서 중고 인형뽑기 기계를 샀습니다. 어릴 적 꿈에 그리던 작은 오락실을 지인들과 함께 즐기기도 했습니다. 여기에 종이 오락실을 준비했습니다. 숙제 아니고 진짜 오락입니다.

보통 일기(日記)는 하루하루의 일을 기록한 글입니다. 일기를 매일 쓰는 게 얼마나 힘든지 강력한 의지가 필요한지 써 본 사람은 알 수 있습니다. 이번 부록에서 일기는 한 번만 쓰는 일기(一記)입니다. 시간 내서 한 번 써보면 어떨까요? 시간이 좀 지나서 다시 이 책을 열어봤을 때 당시의 감사, 불만, 자랑, 계획을 돌아볼 수 있습니다.

차마 마차
차마 마차로 역까지 바래다주라고 할 수 없었어.

일생일대의 오목 한판

* 소중한 친구, 연인, 가족, 원수와 일생일대의 귀중한 오목 한판을 두세요~

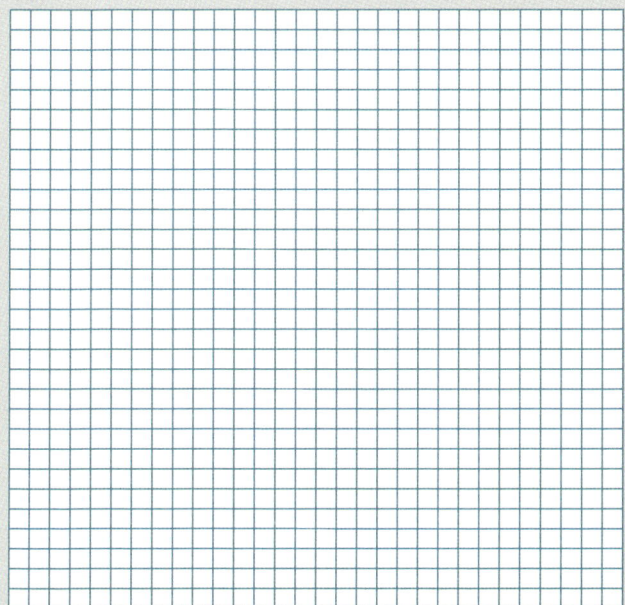

오타니의 만다라트로 나도 천재 도전하기

* 미국 메이저리그에서 최초로 50홈런-50도루를 기록하는 등 투타 겸업 슈퍼스타 "오타니 쇼헤이"는 고등학교 1학년 때 만다라트(Mandal-Art)를 작성하고 훈련하여 성공했다고 합니다. 만다라트를 활용하여 내 삶의 목표를 정리해 볼까요?

몸 관리	영양제 먹기	FSQ 90kg	인스텝 개선	몸통 강화	축 흔들지 않기	각도를 만든다	위에서부터 공을 던진다	손목 강화
유연성	몸 만들기	RSQ 130kg	릴리즈 포인트 안정	제구	불안정 없애기	힘 모으기	구위	하반신 주도
스태미너	가동역	식사 저녁 7숟갈 아침 3숟갈	하체 강화	몸을 열지 않기	멘탈 컨트롤	볼을 앞에서 릴리즈	회전수 증가	가동력
뚜렷한 목표·목적	일희일비 하지 않기	머리는 차갑게 심장은 뜨겁게	몸 만들기	제구	구위	축을 돌리기	하체 강화	체중 증가
핀치에 강하게	멘탈	분위기에 휩쓸리지 않기	멘탈	8구단 드래프트 1순위	스피드 160km/h	몸통 강화	스피드 160km/h	어깨 주변 강화
마음의 파도를 만들지 않기	승리에 대한 집념	동료를 배려하는 마음	인간성	운	변화구	가동력	라이너 캐치볼	피칭 늘리기
감성	사랑받는 사람	계획성	인사하기	쓰레기 줍기	부실 청소	카운트볼 늘리기	포크볼 완성	슬라이더 구위
배려	인간성	감사	물건을 소중히 쓰자	운	심판을 대하는 태도	늦게 낙차가 있는 커브	변화구	좌타자 결정구
예의	신뢰받는 사람	지속력	긍정적 사고	응원받는 사람	책 읽기	직구와 같은 폼으로 던지기	스트라이크 볼을 던질 때 제구	거리를 상상하기

지금 나에게 좋은 질문 세 가지

* 세상의 하나뿐인 책, 당신이 채워 주세요. 답은 천천히 하셔도 됩니다.

첫 번째 질문

두 번째 질문

세 번째 질문

올해 가기 전에 이루고 싶은 버킷리스트

10년 내 버킷리스트

감사 일기

감사 일기는 매일 감사한 일을 기록하는 습관으로 작지만 삶에 깊은 영향을 미치는 강력한 도구입니다. 과학적으로도 정신 건강과 웰빙에 긍정적인 영향을 준다고 합니다. 크고 중요한 일에만 감사하면, 감사할 일이 금세 없어지니까, 작고 사소한 일로 시작하시죠~

예) 1. 오늘도 눈을 뜰 수 있었던 것
    2. 직장 동료의 따뜻한 인사
    3. 커피 한 잔의 여유

삶은 계란 꿈은 반숙

불만 일기

불만 일기는 하루 중에 불편하거나, 짜증 났던 일들을 솔직하게 적어보는 것으로 감정 관리에 유용합니다. 이를 통해 감정의 해소, 자기 이해의 기회, 반응보다 반성, 건강한 표현의 연습, 문제해결의 단서 발견 등의 효과가 있습니다. 불만을 통해 우리는 좀 더 앞으로 성장하고, 세상을 개선해 나갈 수 있는 기회가 있는 건 아닐까요?

예) 1. 휴대폰 배터리는 왜 중요한 순간에만 1%일까.
   2. 꼭 급할 때는 양말이 짝이 안 맞는다. 왜 항상 그럴까.
   3. 하루 종일 바빴는데, 정작 내가 뭘 했는지는 잘 기억이 안 난다.

삶은 계란 꿈은 반숙

자랑 일기

자랑 일기는 말 그대로 자신이 자랑하고 싶은 일상이나 순간들을 기록한 일기입니다. 자랑 일기를 쓰면, 자신감이 생기고, 긍정적으로 하루를 돌아보며 성장 기록이 되어 나를 더 사랑하게 됩니다. 사소해도 나에게만 자랑하고 싶은 자랑거리 하나는 있지 않을까요?

예) 1. 오늘은 지각하지 않고 등교, 출근
    2. 내가 사랑하는 가족, 친구, 반려동물 이야기
    3. 먹고 싶은 음식을 결국 먹은 이야기 등

가만 있으면 되는데, 자꾸만 뭘 그렇게 더 잘 할라고 그래?

넌 그냥 빛나!

네잎 클로버(행운)를 찾느라
세잎 클로버(행복)의 소중함을 잊지 않기를…

커다란 행복과 작은 행운이 늘 균형있게
독자분들과 함께하길 제가 기원합니다.

반드시 일어서야 할(必立) 그대에게
짐을 팍 덜어드리고픈
짐팍 Dream

시집을 출간하며 유독 아버지 생각이 많이 났습니다. 제 책을 보셨다면 누구보다 기뻐하시고 자랑스러워하셨을 것 같다는 생각이 들어서였을 겁니다.

저는 4형제 중 막내로, 아버지의 사랑과 관심을 유독 많이 받으며 자랐습니다. 특히 산업은행 최종 면접을 본 날, 아버지께서 제 합격을 간절히 바라는 마음으로 무려 10시간 넘게 기도하셨고, 그 덕분인지 저는 산업은행에 합격할 수 있었던 것 같습니다.

아버지 유품 중에는 당시 산업은행 합격 통지서와 함께, 손수 쓰신 합격 기원 기도문이 고이 보관되어 있습니다. 그만큼 저의 산업은행 입사는 아버지와 저, 우리 모두에게 참으로 소중한 선물이었습니다.

어릴 적 겨울, 새벽기도를 다녀오신 아버지와 어머니께서 차가운 손으로 제 이마에 손을 얹고 조용히 기도해주시던 기억이 아직도 선명합니다.
오늘따라 아버지가 많이 그립습니다.

감사합니다. 사랑합니다. 아버지, 어머니.

한국산은 좋다.

백두산, 한라산
메모리 반도체
김치
K-컨텐츠

한국산은(KDB 한국산업은행)
대한민국과 함께 성장하는
글로벌 금융리더, '더 큰 KDB'

대한민국 만세 만만세